TRANZLATY

La Langue est pour tout le Monde

اللغة للجميع

La Belle et la Bête

الجمال والوحش

Gabrielle-Suzanne Barbot de Villeneuve

Français / العربية

Copyright © 2025 Tranzlaty
All rights reserved
Published by Tranzlaty
ISBN: 978-1-80572-036-2
Original text by Gabrielle-Suzanne Barbot de Villeneuve
La Belle et la Bête
First published in French in 1740
Taken from The Blue Fairy Book (Andrew Lang)
Illustration by Walter Crane
www.tranzlaty.com

Il était une fois un riche marchand
كان هناك ذات يوم تاجر ثري
ce riche marchand avait six enfants
كان لهذا التاجر الغني ستة أطفال
il avait trois fils et trois filles
كان لديه ثلاثة أبناء وثلاث بنات
il n'a épargné aucun coût pour leur éducation
لم يدخر أي جهد في سبيل تعليمهم
parce qu'il était un homme sensé
لأنه كان رجلاً عاقلاً
mais il a donné à ses enfants de nombreux serviteurs
ولكنه أعطى أولاده العديد من الخدم
ses filles étaient extrêmement jolies
كانت بناته جميلات للغاية
et sa plus jeune fille était particulièrement jolie
وكانت ابنته الصغرى جميلة بشكل خاص
Déjà enfant, sa beauté était admirée
عندما كانت طفلة كان جمالها محل إعجاب بالفعل
et les gens l'appelaient à cause de sa beauté
وكان الناس يسمونها بجمالها
sa beauté ne s'est pas estompée avec l'âge
لم يذبل جمالها مع تقدمها في السن
alors les gens ont continué à l'appeler par sa beauté
فكان الناس ينادونها بجمالها
cela a rendu ses sœurs très jalouses
وهذا جعل أخواتها يشعرن بالغيرة الشديدة
les deux filles aînées avaient beaucoup de fierté
كانت ابنتي الأكبر سنا تتمتعان بقدر كبير من الفخر
leur richesse était la source de leur fierté
ثروتهم كانت مصدر فخرهم
et ils n'ont pas caché leur fierté non plus
ولم يخفوا كبريائهم أيضًا
ils n'ont pas rendu visite aux filles d'autres marchands
ولم يزوروا بنات التجار الآخرين
parce qu'ils ne rencontrent que l'aristocratie
لأنهم لا يلتقون إلا بالأرستقراطية

ils sortaient tous les jours pour faire la fête
كانوا يخرجون كل يوم إلى الحفلات
bals, pièces de théâtre, concerts, etc.
الكرات والمسرحيات والحفلات الموسيقية وما إلى ذلك
et ils se moquèrent de leur plus jeune sœur
وضحكوا على أختهم الصغرى
parce qu'elle passait la plupart de son temps à lire
لأنها قضت معظم وقتها في القراءة
il était bien connu qu'ils étaient riches
وكان معروفا أنهم أثرياء
alors plusieurs marchands éminents ont demandé leur main
لذلك تقدم العديد من التجار البارزين بطلباتهم
mais ils ont dit qu'ils n'allaient pas se marier
لكنهم قالوا أنهم لن يتزوجوا
mais ils étaient prêts à faire quelques exceptions
لكنهم كانوا مستعدين لعمل بعض الاستثناءات
« Peut-être que je pourrais épouser un duc »
"ربما أستطيع الزواج من دوق"
« Je suppose que je pourrais épouser un comte »
"أعتقد أنني أستطيع الزواج من إيرل"
Belle a remercié très civilement ceux qui lui ont proposé
شكرت الجميلة بكل أدب أولئك الذين تقدموا لها
elle leur a dit qu'elle était encore trop jeune pour se marier
قالت لهم أنها مازالت صغيرة على الزواج
elle voulait rester quelques années de plus avec son père
أرادت البقاء مع والدها لبضع سنوات أخرى
Tout d'un coup, le marchand a perdu sa fortune
فجأة خسر التاجر ثروته
il a tout perdu sauf une petite maison de campagne
لقد فقد كل شيء باستثناء منزل ريفي صغير
et il dit à ses enfants, les larmes aux yeux :
وقال لأولاده والدموع في عينيه :
« il faut aller à la campagne »
"يجب علينا أن نذهب إلى الريف"
« et nous devons travailler pour gagner notre vie »
"ويجب علينا أن نعمل من أجل معيشتنا"

les deux filles aînées ne voulaient pas quitter la ville
لم ترغب الابنتان الأكبران في مغادرة المدينة
ils avaient plusieurs amants dans la ville
كان لديهم العديد من العشاق في المدينة
et ils étaient sûrs que l'un de leurs amants les épouserait
وكانوا متأكدين من أن أحد عشاقهم سيتزوجهم
ils pensaient que leurs amants les épouseraient même sans fortune
ظنوا أن عشاقهم سيتزوجون منهم حتى لو لم يكن لديهم ثروة
mais les bonnes dames se sont trompées
لكن السيدات الطيبات أخطأن
leurs amants les ont abandonnés très vite
أحبائهم تخلى عنهم بسرعة كبيرة
parce qu'ils n'avaient plus de fortune
لأنهم لم يعد لديهم ثروات
cela a montré qu'ils n'étaient pas vraiment appréciés
أظهر هذا أنهم لم يكونوا محبوبين في الواقع
tout le monde a dit qu'ils ne méritaient pas d'être plaints
قال الجميع أنهم لا يستحقون الشفقة
« Nous sommes heureux de voir leur fierté humiliée »
"نحن سعداء برؤية كبريائهم متواضعًا "
« Qu'ils soient fiers de traire les vaches »
"فليفتخروا بحلب الأبقار "
mais ils étaient préoccupés par Belle
لكنهم كانوا مهتمين بالجمال
elle était une créature si douce
لقد كانت مخلوقة لطيفة للغاية
elle parlait si gentiment aux pauvres
لقد تحدثت بلطف شديد مع الفقراء
et elle était d'une nature si innocente
وكانت ذات طبيعة بريئة
Plusieurs messieurs l'auraient épousée
كان من الممكن أن يتزوجها العديد من السادة
ils l'auraient épousée même si elle était pauvre
كانوا ليتزوجوها حتى لو كانت فقيرة
mais elle leur a dit qu'elle ne pouvait pas les épouser

لكنها أخبرتهم أنها لا تستطيع الزواج منهم
parce qu'elle ne voulait pas quitter son père
لأنها لن تترك والدها
elle était déterminée à l'accompagner à la campagne
كانت عازمة على الذهاب معه إلى الريف
afin qu'elle puisse le réconforter et l'aider
حتى تتمكن من مواساته ومساعدته
pauvre Belle était très affligée au début
لقد حزنت الجميلة المسكينة كثيرًا في البداية
elle était attristée par la perte de sa fortune
لقد حزنت على فقدان ثروتها
"Mais pleurer ne changera pas mon destin"
"ولكن البكاء لن يغير من حظي "
« Je dois essayer de me rendre heureux sans richesse »
"يجب أن أحاول أن أجعل نفسي سعيدًا بدون ثروة "
ils sont venus dans leur maison de campagne
لقد جاءوا إلى منزلهم الريفي
et le marchand et ses trois fils s'appliquèrent à l'agriculture
والتاجر وأبناؤه الثلاثة اشتغلوا بالزراعة
Belle s'est levée à quatre heures du matin
وردة الجمال في الرابعة صباحا
et elle s'est dépêchée de nettoyer la maison
وسارعت لتنظيف البيت
et elle s'est assurée que le dîner était prêt
وتأكدت من أن العشاء جاهز
au début, elle a trouvé sa nouvelle vie très difficile
في البداية وجدت حياتها الجديدة صعبة للغاية
parce qu'elle n'était pas habituée à un tel travail
لأنها لم تكن معتادة على مثل هذا العمل
mais en moins de deux mois elle est devenue plus forte
لكن في أقل من شهرين أصبحت أقوى
et elle était en meilleure santé que jamais auparavant
وكانت أكثر صحة من أي وقت مضى
après avoir fait son travail, elle a lu
بعد أن انتهت من عملها قرأت
elle jouait du clavecin

لقد لعبت على القيثارة

ou elle chantait en filant de la soie

أو غنت وهي تغزل الحرير

au contraire, ses deux sœurs ne savaient pas comment passer leur temps

على العكس من ذلك، لم تعرف شقيقتاها كيف تقضيان وقتهما

ils se sont levés à dix heures et n'ont rien fait d'autre que paresser toute la journée

استيقظوا في الساعة العاشرة ولم يفعلوا شيئًا سوى الاسترخاء طوال اليوم

ils ont déploré la perte de leurs beaux vêtements

لقد حزنوا على فقدان ملابسهم الجميلة

et ils se sont plaints d'avoir perdu leurs connaissances

واشتكوا من فقدان معارفهم

« Regardez notre plus jeune sœur », se dirent-ils.

"انظروا إلى أختنا الصغرى "قالوا لبعضهم البعض

"Quelle pauvre et stupide créature elle est"

"يا لها من مخلوقة فقيرة وغبية "

"C'est mesquin de se contenter de si peu"

"من السيء أن ترضى بالقليل "

le gentil marchand était d'un avis tout à fait différent

كان للتاجر اللطيف رأي مختلف تمامًا

il savait très bien que Belle éclipsait ses sœurs

كان يعلم جيدًا أن الجمال يتفوق على أخواتها

elle les a surpassés en caractère ainsi qu'en esprit

لقد تفوقت عليهم في الشخصية والعقل

il admirait son humilité et son travail acharné

لقد أعجب بتواضعها وعملها الجاد

mais il admirait surtout sa patience

لكن أكثر ما أعجبه هو صبرها

ses sœurs lui ont laissé tout le travail à faire

تركت لها أخواتها كل العمل لتقوم به

et ils l'insultaient à chaque instant

وأهانوها في كل لحظة

La famille vivait ainsi depuis environ un an.

عاشت العائلة على هذا النحو لمدة عام تقريبًا

puis le commerçant a reçu une lettre d'un comptable

ثم حصل التاجر على رسالة من المحاسب
il avait un investissement dans un navire
كان لديه استثمار في سفينة
et le navire était arrivé sain et sauf
وقد وصلت السفينة بسلامة
Cette nouvelle a fait tourner les têtes des deux filles aînées
لقد حرك هذا الخبر رؤوس ابنتيهما الأكبر سنا
ils ont immédiatement eu l'espoir de revenir en ville
كان لديهم على الفور أمل في العودة إلى المدينة
parce qu'ils étaient assez fatigués de la vie à la campagne
لأنهم كانوا متعبين جدًا من الحياة الريفية
ils sont allés vers leur père alors qu'il partait
ذهبوا إلى أبيهم وهو يغادر
ils l'ont supplié de leur acheter de nouveaux vêtements
توسلوا إليه أن يشتري لهم ملابس جديدة
des robes, des rubans et toutes sortes de petites choses
الفساتين والشرائط وجميع أنواع الأشياء الصغيرة
mais Belle n'a rien demandé
لكن الجمال لم يطلب شيئا
parce qu'elle pensait que l'argent ne serait pas suffisant
لأنها اعتقدت أن المال لن يكون كافيا
il n'y aurait pas assez pour acheter tout ce que ses sœurs voulaient
لن يكون هناك ما يكفي لشراء كل ما تريده أخواتها
"Que veux-tu, ma belle ?" demanda son père
"ماذا تريدين يا جميلة؟" سأل والدها
« Merci, père, pour la bonté de penser à moi », dit-elle
"شكرًا لك يا أبي على حسن تفكيرك بي"، قالت
« Père, ayez la gentillesse de m'apporter une rose »
"أبي، كن لطيفًا واحضر لي وردة "
"parce qu'aucune rose ne pousse ici dans le jardin"
"لأن الورود لا تنمو هنا في الحديقة "
"et les roses sont une sorte de rareté"
"والورود نوع من الندرة "
Belle ne se souciait pas vraiment des roses
الجمال لم يهتم بالورود حقًا

elle a juste demandé quelque chose pour ne pas condamner ses sœurs

لقد طلبت فقط شيئا لا تدين به أخواتها

mais ses sœurs pensaient qu'elle avait demandé des roses pour d'autres raisons

لكن أخواتها اعتقدن أنها طلبت الورود لأسباب أخرى

"Elle l'a fait juste pour avoir l'air particulière"

"لقد فعلت ذلك فقط لتبدو مميزة "

L'homme gentil est parti en voyage

ذهب الرجل الطيب في رحلته

mais quand il est arrivé, ils se sont disputés à propos de la marchandise

ولكن عندما وصل تجادلوا حول البضاعة

et après beaucoup d'ennuis, il est revenu aussi pauvre qu'avant

وبعد الكثير من المتاعب عاد فقيرًا كما كان من قبل

il était à quelques heures de sa propre maison

كان على بعد بضع ساعات من منزله

et il imaginait déjà la joie de revoir ses enfants

وقد تخيل بالفعل فرحة رؤية أطفاله

mais en traversant la forêt, il s'est perdu

ولكن عندما مر عبر الغابة فقد ضل طريقه

il a plu et neigé terriblement

لقد هطلت الأمطار والثلوج بشدة

le vent était si fort qu'il l'a fait tomber de son cheval

كانت الرياح قوية لدرجة أنها ألقته من فوق حصانه

et la nuit arrivait rapidement

وكان الليل قادمًا بسرعة

il a commencé à penser qu'il pourrait mourir de faim

بدأ يفكر أنه قد يموت جوعاً

et il pensait qu'il pourrait mourir de froid

وظن أنه قد يتجمد حتى الموت

et il pensait que les loups pourraient le manger

وظن أن الذئاب قد تأكله

les loups qu'il entendait hurler tout autour de lui

الذئاب التي سمعها تعوي من حوله

mais tout à coup il a vu une lumière

ولكن فجأة رأى ضوءًا

il a vu la lumière au loin à travers les arbres

لقد رأى الضوء من مسافة بعيدة من خلال الأشجار

quand il s'est approché, il a vu que la lumière était un palais

عندما اقترب رأى أن الضوء كان قصرًا

le palais était illuminé de haut en bas

تم إضاءة القصر من الأعلى إلى الأسفل

le marchand a remercié Dieu pour sa chance

شكر التاجر الله على حظه

et il se précipita vers le palais

وأسرع إلى القصر

mais il fut surpris de ne voir personne dans le palais

ولكنه فوجئ بعدم وجود أي شخص في القصر

la cour était complètement vide

كانت ساحة المحكمة فارغة تماما

et il n'y avait aucun signe de vie nulle part

ولم يكن هناك أي علامة على الحياة في أي مكان

son cheval le suivit dans le palais

وتبعه حصانه إلى القصر

et puis son cheval a trouvé une grande écurie

ثم وجد حصانه اسطبلًا كبيرًا

le pauvre animal était presque affamé

كان الحيوان المسكين جائعا تقريبا

alors son cheval est allé chercher du foin et de l'avoine

فذهب حصانه للبحث عن التبن والشوفان

Heureusement, il a trouvé beaucoup à manger

لحسن الحظ أنه وجد الكثير ليأكله

et le marchand attacha son cheval à la mangeoire

وربط التاجر حصانه في المذود

En marchant vers la maison, il n'a vu personne

كان يمشي نحو المنزل ولم ير أحدا

mais dans une grande salle il trouva un bon feu

ولكن في قاعة كبيرة وجد نار جيدة

et il a trouvé une table dressée pour une personne

ووجد مائدة معدة لشخص واحد

il était mouillé par la pluie et la neige

كان مبللاً من المطر والثلج

alors il s'est approché du feu pour se sécher

فذهب إلى النار ليجفف نفسه

« J'espère que le maître de maison m'excusera »

"أتمنى أن يعذرني صاحب البيت "

« Je suppose qu'il ne faudra pas longtemps pour que quelqu'un apparaisse »

"أعتقد أنه لن يستغرق الأمر وقتًا طويلاً حتى يظهر شخص ما "

Il a attendu un temps considérable

لقد انتظر وقتا طويلا

il a attendu jusqu'à ce que onze heures sonnent, et toujours personne n'est venu

انتظر حتى دقت الساعة الحادية عشرة، ولم يأت أحد .

enfin, il avait tellement faim qu'il ne pouvait plus attendre

في النهاية كان جائعًا جدًا لدرجة أنه لم يعد قادرًا على الانتظار

il a pris du poulet et l'a mangé en deux bouchées

أخذ بعض الدجاج وأكله في لقمتين

il tremblait en mangeant la nourriture

كان يرتجف أثناء تناول الطعام

après cela, il a bu quelques verres de vin

وبعد ذلك شرب بضعة أكواب من النبيذ

devenant plus courageux, il sortit du hall

أصبح أكثر شجاعة وخرج من القاعة

et il traversa plusieurs grandes salles

وعبر عبر العديد من القاعات الكبرى

il a traversé le palais jusqu'à ce qu'il arrive dans une chambre

سار في القصر حتى وصل إلى غرفة

une chambre qui contenait un très bon lit

غرفة بها سرير جيد للغاية

il était très fatigué par son épreuve

لقد كان مرهقًا جدًا من محنته

et il était déjà minuit passé

وكان الوقت قد تجاوز منتصف الليل بالفعل

alors il a décidé qu'il était préférable de fermer la porte

لذلك قرر أنه من الأفضل إغلاق الباب
et il a conclu qu'il devrait aller se coucher
وقرر أنه يجب أن يذهب إلى السرير
Il était dix heures du matin lorsque le marchand s'est réveillé
كانت الساعة العاشرة صباحًا عندما استيقظ التاجر
au moment où il allait se lever, il vit quelque chose
عندما كان على وشك النهوض رأى شيئًا
il a été étonné de voir un ensemble de vêtements propres
لقد اندهش عندما رأى مجموعة من الملابس النظيفة
à l'endroit où il avait laissé ses vêtements sales
في المكان الذي ترك فيه ملابسه المتسخة
"ce palais appartient certainement à une sorte de fée"
"من المؤكد أن هذا القصر ينتمي إلى نوع من الجنيات "
" une fée qui m'a vu et qui a eu pitié de moi"
"جنية رأتني وأشفقت علي "
il a regardé à travers une fenêtre
لقد نظر من خلال النافذة
mais au lieu de neige, il vit le jardin le plus charmant
ولكن بدلاً من الثلج رأى الحديقة الأكثر روعة
et dans le jardin il y avait les plus belles roses
وفي الحديقة كانت أجمل الورود
il est ensuite retourné dans la grande salle
ثم عاد إلى القاعة الكبرى
la salle où il avait mangé de la soupe la veille
القاعة التي تناول فيها الحساء في الليلة السابقة
et il a trouvé du chocolat sur une petite table
ووجد بعض الشوكولاتة على طاولة صغيرة
« Merci, bonne Madame la Fée », dit-il à voix haute.
"شكرًا لك، سيدتي الجنية الطيبة"، قال بصوتٍ عالٍ
"Merci d'être si attentionné"
"شكرا لك على اهتمامك الكبير "
« Je vous suis extrêmement reconnaissant pour toutes vos faveurs »
"أنا ممتن جدًا لك على كل خدماتك "
l'homme gentil a bu son chocolat

الرجل الطيب شرب الشوكولاتة

et puis il est allé chercher son cheval

ثم ذهب للبحث عن حصانه

mais dans le jardin il se souvint de la demande de Belle

ولكن في الحديقة تذكر طلب الجمال

et il coupa une branche de roses

وقطع غصن الورد

immédiatement il entendit un grand bruit

فسمع على الفور ضجة عظيمة

et il vit une bête terriblement effrayante

ورأى وحشًا مخيفًا للغاية

il était tellement effrayé qu'il était sur le point de s'évanouir

لقد كان خائفا للغاية لدرجة أنه كان على وشك الإغماء

« Tu es bien ingrat », lui dit la bête.

"أنت جاحد جدًا "قال له الوحش

et la bête parla d'une voix terrible

وتكلم الوحش بصوت رهيب

« Je t'ai sauvé la vie en te laissant entrer dans mon château »

"لقد أنقذت حياتك بالسماح لك بالدخول إلى قلعتي "

"et pour ça tu me voles mes roses en retour ?"

"و لهذا تسرق الورود مني في المقابل؟ "

« Les roses que j'apprécie plus que tout »

"الورود التي أقدرها أكثر من أي شيء "

"mais tu mourras pour ce que tu as fait"

"ولكنك سوف تموت بسبب ما فعلته "

« Je ne vous donne qu'un quart d'heure pour vous préparer »

"أعطيك ربع ساعة فقط لتحضير نفسك "

« Préparez-vous à la mort et dites vos prières »

"جهز نفسك للموت وقل صلواتك "

le marchand tomba à genoux

سقط التاجر على ركبتيه

et il leva ses deux mains

ورفع كلتا يديه

« Monseigneur, je vous supplie de me pardonner »

"سيدي أرجوك أن تسامحني "

« Je n'avais aucune intention de t'offenser »

"لم يكن لدي أي نية لإهانتك "
« J'ai cueilli une rose pour une de mes filles »
"جمعت وردة لإحدى بناتي"
"elle m'a demandé de lui apporter une rose"
"طلبت مني أن أحضر لها وردة "
« Je ne suis pas ton seigneur, mais je suis une bête », répondit le monstre
"أنا لست سيدك، بل أنا وحش"، أجاب الوحش .
« Je n'aime pas les compliments »
"أنا لا أحب المجاملات "
« J'aime les gens qui parlent comme ils pensent »
"أنا أحب الأشخاص الذين يتحدثون كما يفكرون "
« N'imaginez pas que je puisse être ému par la flatterie »
"لا أتصور أنني يمكن أن أتأثر بالمجاملة "
« Mais tu dis que tu as des filles »
"ولكنك تقول أن لديك بنات "
"Je te pardonnerai à une condition"
"سأسامحك بشرط واحد "
« L'une de vos filles doit venir volontairement à mon palais »
"يجب على إحدى بناتك أن تأتي إلى قصري طوعًا "
"et elle doit souffrir pour toi"
"ولابد أن تعاني من أجلك "
« Donne-moi ta parole »
"دعني أحصل على كلمتك "
"et ensuite tu pourras vaquer à tes occupations"
"وبعد ذلك يمكنك أن تذهب إلى عملك "
« Promets-moi ceci : »
"وعدني بهذا ":
"Si votre fille refuse de mourir pour vous, vous devez revenir dans les trois mois"
"إذا رفضت ابنتك أن تموت من أجلك، فيجب عليك العودة خلال ثلاثة أشهر "
le marchand n'avait aucune intention de sacrifier ses filles
لم يكن لدى التاجر أي نية للتضحية ببناته
mais, comme on lui en donnait le temps, il voulait revoir ses

filles une fois de plus

لكن بما أنه حصل على الوقت، أراد أن يرى بناته مرة أخرى

alors il a promis qu'il reviendrait

فوعد بأنه سيعود

et la bête lui dit qu'il pouvait partir quand il le voudrait

فقال له الوحش أنه يستطيع الانطلاق عندما يشاء

et la bête lui dit encore une chose

وقال له الوحش شيئًا آخر

« Tu ne partiras pas les mains vides »

"لن تغادر خالي الوفاض "

« retourne dans la pièce où tu étais allongé »

"ارجع إلى الغرفة التي ترقد فيها "

« vous verrez un grand coffre au trésor vide »

"سوف ترى صندوق كنز كبير فارغ "

« Remplissez le coffre aux trésors avec ce que vous préférez »

"املأ صندوق الكنز بما تفضله "

"et j'enverrai le coffre au trésor chez toi"

"وسأرسل صندوق الكنز إلى منزلك "

et en même temps la bête s'est retirée

وفي نفس الوقت انسحب الوحش

« Eh bien, » se dit le bon homme

"حسنًا، "قال الرجل الصالح لنفسه

« Si je dois mourir, je laisserai au moins quelque chose à mes enfants »

"إذا كان لا بد لي من الموت، فسوف أترك شيئًا لأطفالي على الأقل "

alors il retourna dans la chambre à coucher

فعاد إلى حجرة النوم

et il a trouvé une grande quantité de pièces d'or

ووجد قطعًا كثيرة من الذهب

il a rempli le coffre au trésor que la bête avait mentionné

ملأ صندوق الكنز الذي ذكره الوحش

et il sortit son cheval de l'écurie

وأخرج حصانه من الإسطبل

la joie qu'il ressentait en entrant dans le palais était désormais égale à la douleur qu'il ressentait en le quittant

لقد كانت الفرحة التي شعر بها عند دخول القصر تعادل الحزن الذي شعر به عند مغادرته .

le cheval a pris un des chemins de la forêt

أخذ الحصان أحد طرق الغابة

et quelques heures plus tard, le bon homme était à la maison

وفي غضون ساعات قليلة كان الرجل الصالح في منزله

ses enfants sont venus à lui

جاء إليه أولاده

mais au lieu de recevoir leurs étreintes avec plaisir, il les regardait

ولكن بدلاً من أن يستقبلهم بكل سرور، نظر إليهم

il brandit la branche qu'il tenait dans ses mains

رفع الفرع الذي كان بين يديه

et puis il a fondu en larmes

ثم انفجر بالبكاء

« Belle », dit-il, « s'il te plaît, prends ces roses »

"يا جميلة، "قال," من فضلك خذي هذه الورود "

"Vous ne pouvez pas savoir à quel point ces roses ont été chères"

"لا يمكنك أن تعرف كم كانت تكلفة هذه الورود "

"Ces roses ont coûté la vie à ton père"

"هذه الورود كلفت والدك حياته "

et puis il raconta sa fatale aventure

ثم تحدث عن مغامرته المميتة

immédiatement les deux sœurs aînées crièrent

على الفور صرخت الأختان الأكبر سنا

et ils ont dit beaucoup de choses méchantes à leur belle sœur

وقالوا الكثير من الأشياء السيئة لأختهم الجميلة

mais Belle n'a pas pleuré du tout

ولكن الجمال لم يبكي على الإطلاق

« Regardez l'orgueil de ce petit misérable », dirent-ils.

"انظروا إلى كبرياء هذا الوغد الصغير "قالوا

"elle n'a pas demandé de beaux vêtements"

"لم تطلب ملابس جميلة "

"Elle aurait dû faire ce que nous avons fait"

"كان ينبغي لها أن تفعل ما فعلناه "

"elle voulait se distinguer"
"أرادت أن تميز نفسها"
"alors maintenant elle sera la mort de notre père"
"لذلك الآن سوف تكون موت والدنا"
"et pourtant elle ne verse pas une larme"
"ومع ذلك فهي لا تذرف دمعة"
"Pourquoi devrais-je pleurer ?" répondit Belle
"لماذا أبكي؟" أجابت الجميلة
« pleurer serait très inutile »
"البكاء سيكون بلا داعٍ"
« Mon père ne souffrira pas pour moi »
"لن يعاني والدي من أجلي"
"le monstre acceptera une de ses filles"
"الوحش سوف يقبل بواحدة من بناته"
« Je m'offrirai à toute sa fureur »
"سأقدم نفسي لكل غضبه"
« Je suis très heureux, car ma mort sauvera la vie de mon père »
"أنا سعيد جدًا لأن موتي سينقذ حياة والدي"
"ma mort sera une preuve de mon amour"
"موتي سيكون دليلا على حبي"
« Non, ma sœur », dirent ses trois frères
"لا يا أختي" قال إخوتها الثلاثة
"cela ne sera pas"
"هذا لن يكون"
"nous allons chercher le monstre"
"سنذهب للبحث عن الوحش"
"et soit on le tue..."
"وإما أن نقتله"...
« ... ou nous périrons dans cette tentative »
..."أو سنهلك في المحاولة"
« N'imaginez rien de tel, mes fils », dit le marchand.
"لا تتخيلوا مثل هذا الأمر يا أبنائي" قال التاجر
"La puissance de la bête est si grande que je n'ai aucun espoir que tu puisses la vaincre"
"قوة الوحش عظيمة لدرجة أنني لا أملك أي أمل في أن تتمكن من التغلب

« Je suis charmé par l'offre aimable et généreuse de Belle »
"أنا مفتون بالعرض الجميل والكريم "
"mais je ne peux pas accepter sa générosité"
"لكنني لا أستطيع أن أقبل كرمها "
« Je suis vieux et je n'ai plus beaucoup de temps à vivre »
"أنا عجوز، وليس لدي وقت طويل للعيش "
"Je ne peux donc perdre que quelques années"
"لذا لا أستطيع أن أخسر سوى بضع سنوات "
"un temps que je regrette pour vous, mes chers enfants"
"الوقت الذي أندم عليه من أجلكم يا أبنائي الأعزاء "
« Mais père », dit Belle
"ولكن يا أبي "قال الجمال
"tu n'iras pas au palais sans moi"
"لن تذهب إلى القصر بدوني "
"tu ne peux pas m'empêcher de te suivre"
"لا يمكنك منعي من متابعتك "
rien ne pourrait convaincre Belle autrement
لا شيء يمكن أن يقنع الجمال بخلاف ذلك
elle a insisté pour aller au beau palais
أصرت على الذهاب إلى القصر الجميل
et ses sœurs étaient ravies de son insistance
وفرح أخواتها بإصرارها
Le marchand était inquiet à l'idée de perdre sa fille
كان التاجر قلقًا من فكرة فقدان ابنته
il était tellement inquiet qu'il avait oublié le coffre rempli d'or
لقد كان قلقًا للغاية لدرجة أنه نسي الصندوق المليء بالذهب
la nuit, il se retirait pour se reposer et fermait la porte de sa chambre
وفي الليل ذهب للراحة وأغلق باب غرفته
puis, à sa grande surprise, il trouva le trésor à côté de son lit
ثم، إلى دهشته الكبيرة، وجد الكنز بجانب سريره
il était déterminé à ne rien dire à ses enfants
لقد كان مصمما على عدم إخبار أطفاله
s'ils savaient, ils auraient voulu retourner en ville

لو علموا لأرادوا العودة إلى المدينة

et il était résolu à ne pas quitter la campagne

وكان عازمًا على عدم مغادرة الريف

mais il confia le secret à Belle

لكنه وثق بالجمال في السر

elle l'informa que deux messieurs étaient venus

فأخبرته أن رجلين قد جاءا

et ils ont fait des propositions à ses sœurs

وقدموا لها عروض الزواج من أخواتها

elle a supplié son père de consentir à leur mariage

توسلت إلى والدها أن يوافق على زواجهما

et elle lui a demandé de leur donner une partie de sa fortune

وطلبت منه أن يعطيهم بعضًا من ثروته

elle leur avait déjà pardonné

لقد سامحتهم بالفعل

les méchantes créatures se frottaient les yeux avec des oignons

فركت المخلوقات الشريرة عيونها بالبصل

pour forcer quelques larmes quand ils se sont séparés de leur sœur

لإجبارهم على البكاء عندما انفصلوا عن أختهم

mais ses frères étaient vraiment inquiets

لكن إخوتها كانوا قلقين حقًا

Belle était la seule à ne pas verser de larmes

كان الجمال هو الوحيد الذي لم يذرف أي دموع

elle ne voulait pas augmenter leur malaise

لم تكن تريد أن تزيد من قلقهم

le cheval a pris la route directe vers le palais

اتخذ الحصان الطريق المباشر إلى القصر

et vers le soir ils virent le palais illuminé

وفي المساء رأوا القصر المضاء

le cheval est rentré à l'écurie

عاد الحصان إلى الإسطبل مرة أخرى

et le bon homme et sa fille entrèrent dans la grande salle

ودخل الرجل الصالح وابنته إلى القاعة الكبرى

ici ils ont trouvé une table magnifiquement dressée

هنا وجدوا طاولة تم تقديمها بشكل رائع
le marchand n'avait pas d'appétit pour manger
لم يكن لدى التاجر شهية للأكل
mais Belle s'efforçait de paraître joyeuse
لكن الجمال سعى إلى الظهور بمظهر مبهج
elle s'est assise à table et a aidé son père
جلست على الطاولة وساعدت والدها
mais elle pensait aussi :
لكنها فكرت في نفسها أيضًا :
"La bête veut sûrement m'engraisser avant de me manger"
"إن الوحش يريد بالتأكيد أن يسمنني قبل أن يأكلني "
"c'est pourquoi il offre autant de divertissement"
"لهذا السبب فهو يقدم مثل هذا القدر الوفير من الترفيه "
après avoir mangé, ils entendirent un grand bruit
وبعد أن أكلوا سمعوا ضجيجا عظيما
et le marchand fit ses adieux à son malheureux enfant, les larmes aux yeux
ويودع التاجر ابنه البائس والدموع في عينيه
parce qu'il savait que la bête allait venir
لأنه كان يعلم أن الوحش قادم
Belle était terrifiée par sa forme horrible
لقد كان الجمال مرعوبًا من شكله البشع
mais elle a pris courage du mieux qu'elle a pu
لكنها استجمعت شجاعتها قدر استطاعتها
et le monstre lui a demandé si elle était venue volontairement
وسألها الوحش هل جاءت طوعا
"Oui, je suis venue volontiers", dit-elle en tremblant
"نعم لقد أتيت طوعا "قالت وهي ترتجف
la bête répondit : « Tu es très bon »
فأجابه الوحش" أنت جيد جدًا "
"et je vous suis très reconnaissant, honnête homme"
"وأنا ممتن لك كثيرًا أيها الرجل الصادق "
« Allez-y demain matin »
"اذهب في طريقك غدًا صباحًا "
"mais ne pense plus jamais à revenir ici"

"ولكن لا تفكر في المجيء إلى هنا مرة أخرى"

« Adieu Belle, adieu bête », répondit-il

"وداعًا أيها الجمال، وداعًا أيها الوحش"، أجاب

et immédiatement le monstre s'est retiré

وعلى الفور انسحب الوحش

« Oh, ma fille », dit le marchand

"يا ابنتي "قال التاجر

et il embrassa sa fille une fois de plus

وعانق ابنته مرة أخرى

« Je suis presque mort de peur »

"أنا خائفة حتى الموت تقريبًا"

"crois-moi, tu ferais mieux de rentrer"

صدقني، من الأفضل أن تعود

"Laisse-moi rester ici, à ta place"

"دعني أبقى هنا، بدلاً منك"

« Non, père », dit Belle d'un ton résolu.

"لا يا أبي "قالت الجميلة بنبرة حازمة

"tu partiras demain matin"

"سوف تنطلق غدًا صباحًا"

« Laissez-moi aux soins et à la protection de la Providence »

"اتركني لرعاية وحماية العناية الإلهية"

néanmoins ils sont allés se coucher

ومع ذلك ذهبوا إلى السرير

ils pensaient qu'ils ne fermeraient pas les yeux de la nuit

ظنوا أنهم لن يغلقوا أعينهم طوال الليل

mais juste au moment où ils se couchaient, ils s'endormirent

ولكن عندما استلقوا ناموا

La belle rêva qu'une belle dame venait et lui disait :

حلمت الجميلة أن سيدة جميلة جاءت وقالت لها :

« Je suis content, Belle, de ta bonne volonté »

"أنا راضٍ يا جميلتي عن حسن إرادتك"

« Cette bonne action de votre part ne restera pas sans récompense »

"إن هذا العمل الصالح لن يذهب سدى"

Belle s'est réveillée et a raconté son rêve à son père

استيقظت الجميلة وأخبرت والدها بحلمها

le rêve l'a aidé à se réconforter un peu

لقد ساعده الحلم على التعزية قليلاً

mais il ne pouvait s'empêcher de pleurer amèrement en partant

ولكنه لم يستطع أن يمنع نفسه من البكاء بمرارة وهو يغادر

Dès qu'il fut parti, Belle s'assit dans la grande salle et pleura aussi

بمجرد رحيله، جلست الجميلة في القاعة الكبرى وبكت أيضًا

mais elle résolut de ne pas s'inquiéter

لكنها قررت ألا تشعر بالقلق

elle a décidé d'être forte pour le peu de temps qui lui restait à vivre

قررت أن تكون قوية في الوقت القليل المتبقي لها من الحياة

parce qu'elle croyait fermement que la bête la mangerait

لأنها كانت تعتقد اعتقادا راسخا أن الوحش سوف يأكلها

Cependant, elle pensait qu'elle pourrait aussi bien explorer le palais

ومع ذلك، فقد اعتقدت أنها قد تستكشف القصر أيضًا

et elle voulait voir le beau château

وأرادت أن ترى القلعة الجميلة

un château qu'elle ne pouvait s'empêcher d'admirer

قلعة لم تستطع إلا الإعجاب بها

c'était un palais délicieusement agréable

لقد كان قصرًا جميلًا وممتعًا

et elle fut extrêmement surprise de voir une porte

وكانت مندهشة للغاية عندما رأت الباب

et sur la porte il était écrit que c'était sa chambre

وكان مكتوبا على الباب أنها غرفتها

elle a ouvert la porte à la hâte

فتحت الباب بسرعة

et elle était tout à fait éblouie par la magnificence de la pièce

وكانت مبهورة تمامًا بروعة الغرفة

ce qui a principalement retenu son attention était une grande bibliothèque

ما لفت انتباهها بشكل رئيسي هو مكتبة كبيرة

un clavecin et plusieurs livres de musique

قيثارة والعديد من الكتب الموسيقية

« Eh bien, » se dit-elle

"حسنًا "قالت لنفسها

« Je vois que la bête ne laissera pas mon temps peser sur moi »

"أرى أن الوحش لن يترك وقتي معلقًا بثقله "

puis elle réfléchit à sa situation

ثم فكرت في نفسها بشأن وضعها

« Si je devais rester un jour, tout cela ne serait pas là »

"لو كان من المفترض أن أبقى يومًا واحدًا فلن يكون كل هذا هنا "

cette considération lui inspira un courage nouveau

ألهمها هذا الاعتبار بشجاعة جديدة

et elle a pris un livre de sa nouvelle bibliothèque

وأخذت كتابًا من مكتبتها الجديدة

et elle lut ces mots en lettres d'or :

وقرأت هذه الكلمات بأحرف من ذهب :

« Accueillez Belle, bannissez la peur »

"مرحبا بالجمال، نفي الخوف "

« Vous êtes reine et maîtresse ici »

"أنت الملكة والسيده هنا "

« Exprimez vos souhaits, exprimez votre volonté »

"تحدث عن رغباتك، تحدث عن إرادتك "

« L'obéissance rapide répond ici à vos souhaits »

"الطاعة السريعة تلبي رغباتك هنا "

« Hélas, dit-elle avec un soupir

"آه، "قالت وهي تتنهد

« Ce que je souhaite par-dessus tout, c'est revoir mon pauvre père. »

"أكثر ما أتمنى أن أرى والدي المسكين "

"et j'aimerais savoir ce qu'il fait"

"وأريد أن أعرف ماذا يفعل "

Dès qu'elle eut dit cela, elle remarqua le miroir

بمجرد أن قالت هذا لاحظت المرآة

à sa grande surprise, elle vit sa propre maison dans le miroir

لقد كانت دهشتها عظيمة عندما رأت منزلها في المرآة

son père est arrivé émotionnellement épuisé

وصل والدها منهكًا عاطفيًا
ses sœurs sont allées à sa rencontre
ذهبت أخواتها لمقابلته
malgré leurs tentatives de paraître tristes, leur joie était visible
على الرغم من محاولاتهم للظهور بمظهر الحزين، إلا أن فرحتهم كانت واضحة.

un instant plus tard, tout a disparu
وبعد لحظة اختفى كل شيء
et les appréhensions de Belle ont également disparu
واختفت مخاوف الجمال أيضًا
car elle savait qu'elle pouvait faire confiance à la bête
لأنها كانت تعلم أنها تستطيع أن تثق بالوحش
À midi, elle trouva le dîner prêt
وفي الظهيرة وجدت العشاء جاهزا
elle s'est assise à la table
جلست على الطاولة
et elle a été divertie avec un concert de musique
واستمتعت بحفل موسيقي
même si elle ne pouvait voir personne
على الرغم من أنها لم تستطع رؤية أي شخص
le soir, elle s'est à nouveau assise pour dîner
وفي الليل جلست لتناول العشاء مرة أخرى
cette fois elle entendit le bruit que faisait la bête
هذه المرة سمعت صوت الوحش
et elle ne pouvait s'empêcher d'être terrifiée
ولم تستطع أن تمنع نفسها من الخوف
"Belle", dit le monstre
الجمال "قال الوحش
"est-ce que tu me permets de manger avec toi ?"
هل تسمح لي بتناول الطعام معك؟
« Fais comme tu veux », répondit Belle en tremblant
"افعل ما يحلو لك" أجابت الجميلة وهي ترتجف
"Non", répondit la bête
"لا" أجاب الوحش
"tu es seule la maîtresse ici"

"أنت وحدك السيدة هنا"
"tu peux me renvoyer si je suis gênant"
"يمكنك أن ترسلني بعيدًا إذا كنت مزعجًا "
« renvoyez-moi et je me retirerai immédiatement »
"أرسلني بعيدًا وسوف أنسحب على الفور "
« Mais dis-moi, ne me trouves-tu pas très laide ? »
"ولكن أخبرني، هل لا تعتقد أنني قبيح جدًا؟ "
"C'est vrai", dit Belle
"هذا صحيح "قالت الجميلة
« Je ne peux pas mentir »
"لا أستطيع أن أقول كذبة "
"mais je crois que tu es de très bonne nature"
"لكنني أعتقد أنك طيب القلب جدًا "
« Je le suis en effet », dit le monstre
"أنا كذلك بالفعل "قال الوحش
« Mais à part ma laideur, je n'ai pas non plus de bon sens »
"ولكن بصرف النظر عن قبحي، ليس لدي أي إحساس أيضًا "
« Je sais très bien que je suis une créature stupide »
"أنا أعلم جيدًا أنني مخلوق سخيف "
« Ce n'est pas un signe de folie de penser ainsi », répondit Belle.
"ليس من الحماقة أن نفكر بهذه الطريقة "أجابت الجميلة
« Mange donc, belle », dit le monstre
"كل إذن يا جميلتي "قال الوحش
« essaie de t'amuser dans ton palais »
"حاول أن تسلي نفسك في قصرك "
"tout ici est à toi"
"كل شيء هنا لك "
"et je serais très mal à l'aise si tu n'étais pas heureux"
"وسأكون قلقًا جدًا إذا لم تكن سعيدًا "
« Vous êtes très obligeant », répondit Belle
"أنت متعاون للغاية "أجابت الجميلة
« J'avoue que je suis heureux de votre gentillesse »
"أعترف أنني مسرور بلطفك "
« et quand je considère votre gentillesse, je remarque à peine vos difformités »

"وعندما أفكر في لطفك، بالكاد ألاحظ تشوهاتك"
« Oui, oui, dit la bête, mon cœur est bon.
"نعم، نعم، "قال الوحش،" قلبي طيب"
"mais même si je suis bon, je suis toujours un monstre"
"لكن على الرغم من أنني جيد، إلا أنني لا أزال وحشًا"
« Il y a beaucoup d'hommes qui méritent ce nom plus que toi »
"هناك العديد من الرجال الذين يستحقون هذا الاسم أكثر منك"
"et je te préfère tel que tu es"
"وأنا أفضلك كما أنت"
"et je te préfère à ceux qui cachent un cœur ingrat"
"وأنا أفضلك على الذين يخفون قلبا لا يشكرون"
"Si seulement j'avais un peu de bon sens", répondit la bête
"لو كان لدي بعض العقل "أجاب الوحش"
"Si j'avais du bon sens, je vous ferais un beau compliment pour vous remercier"
"لو كان لدي عقل لأقدم لك مجاملة رائعة لأشكرك"
"mais je suis si ennuyeux"
"لكنني ممل جدًا"
« Je peux seulement dire que je vous suis très reconnaissant »
"لا أستطيع إلا أن أقول إنني ممتن لك كثيرًا"
Belle a mangé un copieux souper
تناولت الجميلة عشاءً شهيًا
et elle avait presque vaincu sa peur du monstre
وكانت قد تغلبت تقريبًا على خوفها من الوحش
mais elle a voulu s'évanouir lorsque la bête lui a posé la question suivante
لكنها أرادت أن تغمى عليها عندما سألها الوحش السؤال التالي
"Belle, veux-tu être ma femme ?"
"جميلتي هل تقبلين أن تكوني زوجتي؟"
elle a mis du temps avant de pouvoir répondre
استغرق الأمر بعض الوقت قبل أن تتمكن من الإجابة
parce qu'elle avait peur de le mettre en colère
لأنها كانت خائفة من إغضابها
Mais finalement elle dit "non, bête"

وفي النهاية قالت" لا يا وحش "

immédiatement le pauvre monstre siffla très effroyablement

على الفور أطلق الوحش المسكين هسهسة مخيفة للغاية

et tout le palais résonna

والقصر كله يردد

mais Belle se remit bientôt de sa frayeur

لكن الجمال سرعان ما تعافت من خوفها

parce que la bête parla encore d'une voix lugubre

لأن الوحش تحدث مرة أخرى بصوت حزين

"Alors adieu, Belle"

"ثم وداعا يا جمال "

et il ne se retournait que de temps en temps

ولم يرجع إلا من حين لآخر

de la regarder alors qu'il sortait

لينظر إليها وهو يخرج

maintenant Belle était à nouveau seule

الآن أصبح الجمال وحيدا مرة أخرى

elle ressentait beaucoup de compassion

لقد شعرت بقدر كبير من التعاطف

"Hélas, c'est mille fois dommage"

"يا للأسف، إنه لأمر مؤسف "

"tout ce qui est si bon ne devrait pas être si laid"

"أي شيء طيب القلب لا ينبغي أن يكون قبيحًا جدًا "

Belle a passé trois mois très heureuse dans le palais

قضت الجميلة ثلاثة أشهر سعيدة جدًا في القصر

chaque soir la bête lui rendait visite

كل مساء كان الوحش يزورها

et ils ont parlé pendant le dîner

وتحدثوا أثناء العشاء

ils ont parlé avec bon sens

لقد تحدثوا بالفطرة السليمة

mais ils ne parlaient pas avec ce que les gens appellent de l'esprit

لكنهم لم يتحدثوا بما يسميه الناس بالذكاء

Belle a toujours découvert un caractère précieux dans la bête

الجمال يكتشف دائمًا بعض السمات القيمة في الوحش

et elle s'était habituée à sa difformité

وقد اعتادت على تشوهه

elle ne redoutait plus le moment de sa visite

لم تعد تخشى موعد زيارته

maintenant elle regardait souvent sa montre

الآن كانت تنظر إلى ساعتها كثيرًا

et elle ne pouvait pas attendre qu'il soit neuf heures

ولم تستطع الانتظار حتى تصبح الساعة التاسعة

car la bête ne manquait jamais de venir à cette heure-là

لأن الوحش لم يتأخر عن المجيء في تلك الساعة

il n'y avait qu'une seule chose qui concernait Belle

لم يكن هناك سوى شيء واحد يتعلق بالجمال

chaque soir avant d'aller au lit, la bête lui posait la même question

كل ليلة قبل أن تذهب إلى السرير كان الوحش يسألها نفس السؤال

le monstre lui a demandé si elle voulait être sa femme

سألها الوحش هل ستكون زوجته

un jour elle lui dit : "bête, tu me mets très mal à l'aise"

ذات يوم قالت له" أيها الوحش، أنت تجعلني أشعر بالقلق الشديد "

« J'aimerais pouvoir consentir à t'épouser »

"أتمنى أن أتمكن من الموافقة على الزواج منك "

"mais je suis trop sincère pour te faire croire que je t'épouserais"

"لكنني صادقة جدًا بحيث لا أستطيع أن أجعلك تصدق أنني سأتزوجك "

"Notre mariage n'aura jamais lieu"

" زواجنا لن يتم ابدًا "

« Je te verrai toujours comme un ami »

"سوف أراك دائمًا كصديق "

"S'il vous plaît, essayez d'être satisfait de cela"

"من فضلك حاول أن تكون راضيًا بهذا "

« Je dois me contenter de cela », dit la bête

"يجب أن أكون راضيًا بهذا "قال الوحش

« Je connais mon propre malheur »

" أنا أعرف سوء حظي "

"mais je t'aime avec la plus tendre affection"

"لكنني أحبك بأحر المشاعر "

« Cependant, je devrais me considérer comme heureux »
"ومع ذلك، ينبغي لي أن أعتبر نفسي سعيدًا "

"et je serais heureux que tu restes ici"
"وسأكون سعيدًا لأنك ستبقى هنا "

"promets-moi de ne jamais me quitter"
"وعدني أن لا تتركني أبدًا "

Belle rougit à ces mots
احمر وجه الجمال عند سماع هذه الكلمات

Un jour, Belle se regardait dans son miroir
ذات يوم كانت الجمال تنظر في مرآتها

son père s'était inquiété à mort pour elle
كان والدها قلقًا عليها للغاية

elle avait plus que jamais envie de le revoir
لقد كانت تتوق لرؤيته مرة أخرى أكثر من أي وقت مضى

« Je pourrais te promettre de ne jamais te quitter complètement »
"أستطيع أن أعدك بأنني لن أتركك أبدًا "

"mais j'ai tellement envie de voir mon père"
"لكن لدي رغبة كبيرة في رؤية والدي "

« Je serais terriblement contrarié si tu disais non »
"سوف أكون مستاءً للغاية إذا قلت لا "

« Je préfère mourir moi-même », dit le monstre
"أفضل أن أموت بنفسي "قال الوحش

« Je préférerais mourir plutôt que de te mettre mal à l'aise »
"أفضل أن أموت بدلاً من أن أجعلك تشعر بالقلق "

« Je t'enverrai vers ton père »
"سأرسلك إلى أبيك "

"tu resteras avec lui"
"سوف تبقى معه "

"et cette malheureuse bête mourra de chagrin à la place"
"وسيموت هذا الوحش التعيس حزنًا بدلًا من ذلك "

« Non », dit Belle en pleurant
"لا "قالت الجميلة باكية

"Je t'aime trop pour être la cause de ta mort"
"أنا أحبك كثيرًا لدرجة أنني لا أستطيع أن أكون سبب موتك "

"Je te promets de revenir dans une semaine"

"أعدك بالعودة خلال أسبوع "
« Tu m'as montré que mes sœurs sont mariées »
"لقد أظهرت لي أن أخواتي متزوجات "
« et mes frères sont partis à l'armée »
"وأخوتي ذهبوا إلى الجيش "
« laisse-moi rester une semaine avec mon père, car il est seul »
"دعني أبقى مع والدي لمدة أسبوع، فهو وحيد "
« Tu seras là demain matin », dit la bête
"ستكون هناك غدًا في الصباح"، قال الوحش
"mais souviens-toi de ta promesse"
"ولكن تذكر وعدك "
« Il vous suffit de poser votre bague sur une table avant d'aller vous coucher »
"كل ما عليك فعله هو وضع خاتمك على الطاولة قبل الذهاب إلى السرير "
"et alors tu seras ramené avant le matin"
"ثم ترجعون قبل الصباح "
« Adieu chère Belle », soupira la bête
"وداعًا يا عزيزتي الجميلة "تنهد الوحش
Belle s'est couchée très triste cette nuit-là
ذهبت الجميلة إلى السرير حزينة جدًّا تلك الليلة
parce qu'elle ne voulait pas voir la bête si inquiète
لأنها لم ترغب في رؤية الوحش قلقًا للغاية
le lendemain matin, elle se retrouva chez son père
وفي صباح اليوم التالي وجدت نفسها في منزل والدها
elle a sonné une petite cloche à côté de son lit
لقد قرعت جرسًا صغيرًا بجانب سريرها
et la servante poussa un grand cri
وأطلقت الخادمة صرخة عالية
et son père a couru à l'étage
وركض والدها إلى الطابق العلوي
il pensait qu'il allait mourir de joie
كان يعتقد أنه سيموت فرحًا
il l'a tenue dans ses bras pendant un quart d'heure
لقد احتضنها بين ذراعيه لمدة ربع ساعة
Finalement, les premières salutations étaient terminées

في النهاية انتهت التحية الأولى
Belle a commencé à penser à sortir du lit
بدأت الجميلة تفكر في الخروج من السرير
mais elle s'est rendu compte qu'elle n'avait apporté aucun vêtement
لكنها أدركت أنها لم تحضر أي ملابس
mais la servante lui a dit qu'elle avait trouvé une boîte
لكن الخادمة قالت لها أنها وجدت صندوقا
le grand coffre était plein de robes et de robes
كان الصندوق الكبير مليئا بالفساتين والعباءات
chaque robe était couverte d'or et de diamants
كان كل ثوب مغطى بالذهب والماس
La Belle a remercié la Bête pour ses bons soins
شكرت الجميلة الوحش على رعايته الطيبة
et elle a pris l'une des robes les plus simples
وأخذت واحدة من أبسط الفساتين
elle avait l'intention de donner les autres robes à ses sœurs
كانت تنوي إعطاء الفساتين الأخرى لأخواتها
mais à cette pensée le coffre de vêtements disparut
ولكن في تلك اللحظة اختفى صندوق الملابس
la bête avait insisté sur le fait que les vêtements étaient pour elle seulement
أصر الوحش على أن الملابس كانت لها فقط
son père lui a dit que c'était le cas
أخبرها والدها أن هذا هو الحال
et aussitôt le coffre de vêtements est revenu
وعلى الفور عادت خزانة الملابس مرة أخرى
Belle s'est habillée avec ses nouveaux vêtements
ارتدت الجميلة ملابسها الجديدة
et pendant ce temps les servantes allèrent chercher ses sœurs
وفي هذه الأثناء ذهبت الخادمات للبحث عن أخواتها
ses deux sœurs étaient avec leurs maris
وكانت أختاها مع زوجيهما
mais ses deux sœurs étaient très malheureuses
لكن أختيها كانتا غير سعيدتين للغاية
sa sœur aînée avait épousé un très beau gentleman

تزوجت أختها الكبرى من رجل وسيم للغاية
mais il était tellement amoureux de lui-même qu'il négligeait sa femme
ولكنه كان يحب نفسه كثيرًا لدرجة أنه أهمل زوجته
sa deuxième sœur avait épousé un homme spirituel
تزوجت أختها الثانية من رجل ذكي
mais il a utilisé son esprit pour tourmenter les gens
ولكنه استخدم ذكائه لتعذيب الناس
et il tourmentait surtout sa femme
وكان يعذب زوجته أكثر من أي شيء آخر
Les sœurs de Belle l'ont vue habillée comme une princesse
رأت أخوات الجميلة أنها ترتدي ملابس مثل الأميرة
et ils furent écœurés d'envie
فأصابهم الحسد
maintenant elle était plus belle que jamais
الآن أصبحت أكثر جمالا من أي وقت مضى
son comportement affectueux n'a pas pu étouffer leur jalousie
لم يتمكن سلوكها الحنون من تهدئة غيرتهم
elle leur a dit combien elle était heureuse avec la bête
قالت لهم كم كانت سعيدة بالوحش
et leur jalousie était prête à éclater
وكانت غيرتهم على وشك الانفجار
Ils descendirent dans le jardin pour pleurer leur malheur
نزلوا إلى الحديقة يبكون على مصيبتهم
« En quoi cette petite créature est-elle meilleure que nous ? »
"بأي طريقة يكون هذا المخلوق الصغير أفضل منا؟ "
« Pourquoi devrait-elle être tellement plus heureuse ? »
"لماذا يجب أن تكون أكثر سعادة؟ "
« Sœur », dit la sœur aînée
"أختي "قالت الأخت الكبرى
"une pensée vient de me traverser l'esprit"
"فكرة خطرت ببالي للتو "
« Essayons de la garder ici plus d'une semaine »
"دعونا نحاول إبقاءها هنا لأكثر من أسبوع "
"Peut-être que cela fera enrager ce monstre idiot"

"ربما هذا سوف يثير غضب الوحش السخيف "
« parce qu'elle aurait manqué à sa parole »
"لأنها كانت ستخالف وعدها "
"et alors il pourrait la dévorer"
"وبعد ذلك قد يلتهمها "
"C'est une excellente idée", répondit l'autre sœur
"هذه فكرة رائعة "أجابت الأخت الأخرى
« Nous devons lui montrer autant de gentillesse que possible »
"يجب علينا أن نظهر لها أكبر قدر ممكن من اللطف "
les sœurs en ont fait leur résolution
الأخوات اتخذن هذا القرار
et ils se sont comportés très affectueusement envers leur sœur
وكانوا يتصرفون مع أختهم بلطف شديد
pauvre Belle pleurait de joie à cause de toute leur gentillesse
بكت الجميلة الفقيرة من الفرح بسبب كل لطفهم
quand la semaine fut expirée, ils pleurèrent et s'arrachèrent les cheveux
عندما انتهى الأسبوع، بكوا ومزقوا شعرهم
ils semblaient si désolés de se séparer d'elle
لقد بدوا حزينين جدًا لفراقها
et Belle a promis de rester une semaine de plus
ووعد الجمال بالبقاء لمدة أسبوع أطول
Pendant ce temps, Belle ne pouvait s'empêcher de réfléchir sur elle-même
في هذه الأثناء، لم تستطع الجمال أن تتوقف عن التفكير في نفسها
elle s'inquiétait de ce qu'elle faisait à la pauvre bête
كانت قلقة بشأن ما كانت تفعله للوحش المسكين
elle sait qu'elle l'aimait sincèrement
إنها تعلم أنها أحبته بصدق
et elle avait vraiment envie de le revoir
وكانت تتوق حقا لرؤيته مرة أخرى
la dixième nuit qu'elle a passée chez son père aussi
الليلة العاشرة التي قضتها في منزل والدها أيضًا
elle a rêvé qu'elle était dans le jardin du palais

حلمت أنها في حديقة القصر
et elle rêva qu'elle voyait la bête étendue sur l'herbe
وحلمت أنها رأت الوحش ممتدا على العشب
il semblait lui faire des reproches d'une voix mourante
بدا وكأنه يوبخها بصوت يحتضر
et il l'accusa d'ingratitude
واتهمها بالجحود
Belle s'est réveillée de son sommeil
استيقظت الجميلة من نومها
et elle a fondu en larmes
وانفجرت في البكاء
« Ne suis-je pas très méchant ? »
"هل أنا لست شريرة جدًّا؟"
« N'était-ce pas cruel de ma part d'agir si méchamment envers la bête ? »
"ألم يكن من القسوة من جانبي أن أتصرف بمثل هذه القسوة تجاه الوحش؟"
"la bête a tout fait pour me faire plaisir"
"الوحش فعل كل شيء لإرضائي"
« Est-ce sa faute s'il est si laid ? »
"هل هو خطؤه أنه قبيح جدًّا؟"
« Est-ce sa faute s'il a si peu d'esprit ? »
"هل هو خطؤه أنه لديه القليل من الذكاء؟"
« Il est gentil et bon, et cela suffit »
"إنه طيب وطيب وهذا يكفي"
« Pourquoi ai-je refusé de l'épouser ? »
لماذا رفضت الزواج منه؟
« Je devrais être heureux avec le monstre »
"يجب أن أكون سعيدًا بالوحش"
« regarde les maris de mes sœurs »
"أنظر إلى أزواج أخواتي"
« Ni l'esprit, ni la beauté ne les rendent bons »
"لا الذكاء ولا المظهر الجيد يجعلهم جيدين"
« aucun de leurs maris ne les rend heureuses »
"لا أحد من أزواجهن يسعدهن"
« mais la vertu, la douceur de caractère et la patience »
"لكن الفضيلة وحسن الخلق والصبر"

"ces choses rendent une femme heureuse"
"هذه الأشياء تجعل المرأة سعيدة "
"et la bête a toutes ces qualités précieuses"
"والوحش لديه كل هذه الصفات القيمة "
"c'est vrai, je ne ressens pas de tendresse et d'affection pour lui"
"هذا صحيح؛ فأنا لا أشعر بحنان المودة تجاهه "
"mais je trouve que j'éprouve la plus grande gratitude envers lui"
"لكنني أجد أنني أشعر بالامتنان الشديد له "
"et j'ai la plus haute estime pour lui"
"وأنا أقدره تقديرا عاليا "
"et il est mon meilleur ami"
"وهو أفضل صديق لي "
« Je ne le rendrai pas malheureux »
"لن أجعله بائسًا "
« Si j'étais si ingrat, je ne me le pardonnerais jamais »
"لو كنت جاحدًا إلى هذا الحد فلن أسامح نفسي أبدًا "
Belle a posé sa bague sur la table
وضعت الجميلة خاتمها على الطاولة
et elle est retournée au lit
وذهبت إلى السرير مرة أخرى
à peine était-elle au lit qu'elle s'endormit
لم تكن في السرير قبل أن تغفو
elle s'est réveillée à nouveau le lendemain matin
استيقظت مرة أخرى في الصباح التالي
et elle était ravie de se retrouver dans le palais de la bête
وكانت في غاية السعادة عندما وجدت نفسها في قصر الوحش
elle a mis une de ses plus belles robes pour lui faire plaisir
ارتدت أحد أجمل فساتينها لإرضائه
et elle attendait patiemment le soir
وانتظرت المساء بصبر
enfin l' heure tant souhaitée est arrivée
جاءت الساعة المرجوة
L'horloge a sonné neuf heures, mais aucune bête n'est apparue

دقت الساعة التاسعة، ولكن لم يظهر أي وحش
La belle craignit alors d'avoir été la cause de sa mort
ثم خافت الجميلة أن تكون سبب وفاته
elle a couru en pleurant dans tout le palais
ركضت وهي تبكي في كل أنحاء القصر
après l'avoir cherché partout, elle se souvint de son rêve
بعد أن بحثت عنه في كل مكان، تذكرت حلمها
et elle a couru vers le canal dans le jardin
وركضت إلى القناة في الحديقة
là elle a trouvé la pauvre bête étendue
هناك وجدت الوحش المسكين ممددًا
et elle était sûre de l'avoir tué
وكانت متأكدة أنها قتلته
elle se jeta sur lui sans aucune crainte
ألقت بنفسها عليه دون أي خوف
son cœur battait encore
كان قلبه لا يزال ينبض
elle est allée chercher de l'eau au canal
لقد جلبت بعض الماء من القناة
et elle versa l'eau sur sa tête
وصبّت الماء على رأسه
la bête ouvrit les yeux et parla à Belle
فتح الوحش عينيه وتحدث إلى الجمال
« Tu as oublié ta promesse »
"لقد نسيت وعدك "
« J'étais tellement navrée de t'avoir perdu »
"لقد كنت حزينًا جدًا لفقدك "
« J'ai décidé de me laisser mourir de faim »
"لقد قررت أن أجوع نفسي "
"mais j'ai le bonheur de te revoir une fois de plus"
"لكنني أشعر بالسعادة لرؤيتك مرة أخرى "
"j'ai donc le plaisir de mourir satisfait"
"لذلك لدي متعة الموت راضيا "
« Non, chère bête », dit Belle, « tu ne dois pas mourir »
"لا يا عزيزي الوحش"، قالت الجميلة،" لا يجب أن تموت "
« Vis pour être mon mari »

"أعيش لكي أكون زوجي "
"à partir de maintenant je te donne ma main"
"من هذه اللحظة أعطيك يدي "
"et je jure de n'être que le tien"
"وأنا أقسم أن لا أكون إلا لك "
« Hélas ! Je pensais n'avoir que de l'amitié pour toi »
"آه إكنت أعتقد أن لدي صداقة معك فقط "
« mais la douleur que je ressens maintenant m'en convainc » ;
"لكن الحزن الذي أشعر به الآن يقنعني"؛
"Je ne peux pas vivre sans toi"
"لا أستطيع العيش بدونك "
Belle avait à peine prononcé ces mots lorsqu'elle vit une lumière
كانت الجميلة النادره قد قالت هذه الكلمات عندما رأت الضوء
le palais scintillait de lumière
كان القصر يتلألأ بالضوء
des feux d'artifice ont illuminé le ciel
الألعاب النارية أضاءت السماء
et l'air rempli de musique
والهواء مملوء بالموسيقى
tout annonçait un grand événement
كل شيء أعطى إشعارًا بحدث عظيم
mais rien ne pouvait retenir son attention
ولكن لا شيء يمكن أن يلفت انتباهها
elle s'est tournée vers sa chère bête
التفتت إلى وحشها العزيز
la bête pour laquelle elle tremblait de peur
الوحش الذي ارتجفت خوفا منه
mais sa surprise fut grande face à ce qu'elle vit !
لكن مفاجأتها كانت عظيمة مما رأته !
la bête avait disparu
لقد اختفى الوحش
Au lieu de cela, elle a vu le plus beau prince
بدلا من ذلك رأت الأمير الأجمل
elle avait mis fin au sort

لقد وضعت حدا للتعويذة

un sort sous lequel il ressemblait à une bête

تعويذة كان يشبه فيها الوحش

ce prince était digne de toute son attention

كان هذا الأمير يستحق كل اهتمامها

mais elle ne pouvait s'empêcher de demander où était la bête

لكنها لم تستطع إلا أن تسأل أين الوحش؟

« Vous le voyez à vos pieds », dit le prince

"أنت تراه عند قدميك "قال الأمير

« Une méchante fée m'avait condamné »

"لقد أدانتني جنية شريرة "

« Je devais rester dans cette forme jusqu'à ce qu'une belle princesse accepte de m'épouser »

"لقد كان من المفترض أن أظل على هذا الشكل حتى وافقت أميرة جميلة على الزواج مني "

"la fée a caché ma compréhension"

"لقد أخفت الجنية فهمي "

« tu étais le seul assez généreux pour être charmé par la bonté de mon caractère »

"لقد كنت الشخص الوحيد الكريم بما يكفي لكي يسحر بطيبة مزاجي "

Belle était agréablement surprise

لقد تفاجأت الجمال بسعادة

et elle donna sa main au charmant prince

وأعطت الأمير الساحر يدها

ils sont allés ensemble au château

لقد ذهبوا معا إلى القلعة

et Belle fut ravie de retrouver son père au château

وسعدت الجميلة عندما وجدت والدها في القلعة

et toute sa famille était là aussi

وكانت عائلتها بأكملها هناك أيضًا

même la belle dame qui lui était apparue dans son rêve était là

حتى السيدة الجميلة التي ظهرت في حلمها كانت هناك

"Belle", dit la dame du rêve

"الجمال "قالت السيدة من الحلم

« viens et reçois ta récompense »

"تعال واحصل على مكافأتك"

« Vous avez préféré la vertu à l'esprit ou à l'apparence »
"لقد فضلت الفضيلة على الذكاء أو المظهر "

"et tu mérites quelqu'un chez qui ces qualités sont réunies"
"وأنت تستحق شخصًا تتحد فيه هذه الصفات "

"tu vas être une grande reine"
"سوف تصبحين ملكة عظيمة "

« J'espère que le trône ne diminuera pas votre vertu »
"أرجو أن لا يقلل العرش من فضيلتك "

puis la fée se tourna vers les deux sœurs
ثم توجهت الجنية نحو الأختين

« J'ai vu à l'intérieur de vos cœurs »
"لقد رأيت داخل قلوبكم "

"et je connais toute la méchanceté que contiennent vos cœurs"
"وأنا أعلم كل الحقد الذي في قلوبكم "

« Vous deux deviendrez des statues »
"سوف تصبحان تمثالين "

"mais vous garderez votre esprit"
"ولكن يجب أن تحافظوا على عقولكم "

« Tu te tiendras aux portes du palais de ta sœur »
"ستقفين عند أبواب قصر أختك "

"Le bonheur de ta sœur sera ta punition"
"سعادة أختك ستكون عقابك "

« vous ne pourrez pas revenir à vos anciens états »
"لن تتمكن من العودة إلى حالتك السابقة "

« à moins que vous n'admettiez tous les deux vos fautes »
"ما لم يعترف كلاكما بأخطائه "

"mais je prévois que vous resterez toujours des statues"
"لكنني أتوقع أنكم ستبقون تماثيلًا إلى الأبد "

« L'orgueil, la colère, la gourmandise et l'oisiveté sont parfois vaincus »
"الكبرياء والغضب والشراهة والكسل يتم التغلب عليها في بعض الأحيان "

" mais la conversion des esprits envieux et malveillants sont des miracles "
"لكن تحويل العقول الحاسدة والخبيثة هو المعجزات "

immédiatement la fée donna un coup de baguette
على الفور قامت الجنية بضربه بعصاها
et en un instant tous ceux qui étaient dans la salle furent transportés
وفي لحظة تم نقل كل من كان في القاعة
ils étaient entrés dans les domaines du prince
لقد ذهبوا إلى ممتلكات الأمير
les sujets du prince l'ont reçu avec joie
واستقبله رعية الأمير بفرح
le prêtre a épousé Belle et la bête
تزوج الكاهن من الجميلة والوحش
et il a vécu avec elle de nombreuses années
وعاش معها سنوات طويلة
et leur bonheur était complet
وكانت سعادتهم كاملة
parce que leur bonheur était fondé sur la vertu
لأن سعادتهم كانت مبنية على الفضيلة

La fin
النهاية

www.ingramcontent.com/pod-product-compliance
Lightning Source LLC
Chambersburg PA
CBHW011557070526
44585CB00023B/2638